Mi diario
DE VIAJE

| Fecha: | Lugar: |

Cómo me he sentido hoy:

Lo que he visto hoy:	Lo que he comido hoy:
_____	_____
_____	_____
_____	_____
_____	_____
_____	_____
_____	
_____	**Cómo hemos viajado hoy:**
_____	
_____	
_____	
_____	
_____	

Lo mejor que ha pasado hoy:
_____
_____

El tiempo hoy fue:

Espacio para diseñar, colorear, escribir, entradas, fotos y cualquier otra cosa que quieras recordar.

Fecha: Lugar:

Cómo me he sentido hoy:

Lo que he visto hoy:

Lo que he comido hoy:

Cómo hemos viajado hoy:

Lo mejor que ha pasado hoy:

El tiempo hoy fue:

Espacio para diseñar, colorear, escribir, entradas, fotos y cualquier otra cosa que quieras recordar.

| Fecha: | Lugar: |

Cómo me he sentido hoy:

Lo que he visto hoy:
_____
_____
_____
_____
_____
_____
_____
_____
_____
_____
_____

Lo que he comido hoy:
_____
_____
_____
_____
_____

Cómo hemos viajado hoy:

Lo mejor que ha pasado hoy:
_____
_____

El tiempo hoy fue:

Espacio para diseñar, colorear, escribir, entradas, fotos y cualquier otra cosa que quieras recordar.

| Fecha: | Lugar: |

Cómo me he sentido hoy:

Lo que he visto hoy:

Lo que he comido hoy:

Cómo hemos viajado hoy:

Lo mejor que ha pasado hoy:

El tiempo hoy fue:

Espacio para diseñar, colorear, escribir, entradas, fotos y cualquier otra cosa que quieras recordar.

Fecha: Lugar:

Cómo me he sentido hoy:

Lo que he visto hoy:
_____
_____
_____
_____
_____
_____
_____
_____
_____
_____
_____

Lo que he comido hoy:
_____
_____
_____
_____

Cómo hemos viajado hoy:

Lo mejor que ha pasado hoy:
_____
_____

El tiempo hoy fue:

Espacio para diseñar, colorear, escribir, entradas, fotos y cualquier otra cosa que quieras recordar.

Fecha: _____ **Lugar:** _____

Cómo me he sentido hoy:

Lo que he visto hoy:
_____
_____
_____
_____
_____
_____
_____
_____
_____
_____

Lo que he comido hoy:
_____
_____
_____
_____
_____

Cómo hemos viajado hoy:

Lo mejor que ha pasado hoy:
_____
_____

El tiempo hoy fue:

Espacio para diseñar, colorear, escribir, entradas, fotos y cualquier otra cosa que quieras recordar.

| Fecha: | Lugar: |

Cómo me he sentido hoy:

Lo que he visto hoy:
_____
_____
_____
_____
_____
_____
_____
_____
_____
_____
_____

Lo que he comido hoy:
_____
_____
_____
_____
_____

Cómo hemos viajado hoy:

Lo mejor que ha pasado hoy:
_____
_____

El tiempo hoy fue:

Espacio para diseñar, colorear, escribir, entradas, fotos y cualquier otra cosa que quieras recordar.

| Fecha: | Lugar: |

Cómo me he sentido hoy:

Lo que he visto hoy:

_____
_____
_____
_____
_____
_____
_____
_____
_____
_____
_____
_____

Lo que he comido hoy:

_____
_____
_____
_____

Cómo hemos viajado hoy:

Lo mejor que ha pasado hoy:
_____
_____

El tiempo hoy fue:

Espacio para diseñar, colorear, escribir, entradas, fotos y cualquier otra cosa que quieras recordar.

Fecha: Lugar:

Cómo me he sentido hoy:

Lo que he visto hoy:
_____
_____
_____
_____
_____
_____
_____
_____
_____
_____
_____

Lo que he comido hoy:
_____
_____
_____
_____
_____

Cómo hemos viajado hoy:

Lo mejor que ha pasado hoy:
_____
_____

El tiempo hoy fue:

Espacio para diseñar, colorear, escribir, entradas, fotos y cualquier otra cosa que quieras recordar.

| Fecha: | Lugar: |

Cómo me he sentido hoy:

Lo que he visto hoy:

_____
_____
_____
_____
_____
_____
_____
_____
_____
_____
_____

Lo que he comido hoy:

_____
_____
_____
_____
_____

Cómo hemos viajado hoy:

Lo mejor que ha pasado hoy:
_____
_____

El tiempo hoy fue:

Espacio para diseñar, colorear, escribir, entradas, fotos y cualquier otra cosa que quieras recordar.

| Fecha: | Lugar: |

Cómo me he sentido hoy:

Lo que he visto hoy:
_____
_____
_____
_____
_____
_____
_____
_____
_____
_____
_____

Lo que he comido hoy:
_____
_____
_____
_____
_____

Cómo hemos viajado hoy:

Lo mejor que ha pasado hoy:
_____
_____

El tiempo hoy fue:

Espacio para diseñar, colorear, escribir, entradas, fotos y cualquier otra cosa que quieras recordar.

| Fecha: | Lugar: |

Cómo me he sentido hoy:

Lo que he visto hoy:

Lo que he comido hoy:

Cómo hemos viajado hoy:

Lo mejor que ha pasado hoy:

El tiempo hoy fue:

Espacio para diseñar, colorear, escribir, entradas, fotos y cualquier otra cosa que quieras recordar.

Fecha: Lugar:

Cómo me he sentido hoy:

Lo que he visto hoy:
_____
_____
_____
_____
_____
_____
_____
_____
_____
_____
_____

Lo que he comido hoy:
_____
_____
_____
_____
_____

Cómo hemos viajado hoy:

Lo mejor que ha pasado hoy:
_____
_____

El tiempo hoy fue:

Espacio para diseñar, colorear, escribir, entradas, fotos y cualquier otra cosa que quieras recordar.

Fecha: Lugar:

Cómo me he sentido hoy:

Lo que he visto hoy:

_____
_____
_____
_____
_____
_____
_____
_____
_____
_____
_____

Lo que he comido hoy:

_____
_____
_____
_____
_____

Cómo hemos viajado hoy:

Lo mejor que ha pasado hoy:
_____
_____

El tiempo hoy fue:

Espacio para diseñar, colorear, escribir, entradas, fotos y cualquier otra cosa que quieras recordar.

| Fecha: | Lugar: |

Cómo me he sentido hoy:

Lo que he visto hoy:
_____
_____
_____
_____
_____
_____
_____
_____
_____
_____

Lo que he comido hoy:
_____
_____
_____
_____

Cómo hemos viajado hoy:

Lo mejor que ha pasado hoy:
_____
_____

El tiempo hoy fue:

Espacio para diseñar, colorear, escribir, entradas, fotos y cualquier otra cosa que quieras recordar.

Fecha: Lugar:

Cómo me he sentido hoy:

Lo que he visto hoy:

_____
_____
_____
_____
_____
_____
_____
_____
_____
_____
_____
_____

Lo que he comido hoy:

_____
_____
_____
_____
_____

Cómo hemos viajado hoy:

Lo mejor que ha pasado hoy:
_____
_____

El tiempo hoy fue:

Espacio para diseñar, colorear, escribir, entradas, fotos y cualquier otra cosa que quieras recordar.

| Fecha: | Lugar: |

Cómo me he sentido hoy:

Lo que he visto hoy:
_____
_____
_____
_____
_____
_____
_____
_____
_____
_____
_____

Lo que he comido hoy:
_____
_____
_____
_____
_____

Cómo hemos viajado hoy:

Lo mejor que ha pasado hoy:
_____
_____

El tiempo hoy fue:

Espacio para diseñar, colorear, escribir, entradas, fotos y cualquier otra cosa que quieras recordar.

Fecha: **Lugar:**

Cómo me he sentido hoy:

Lo que he visto hoy:

_____
_____
_____
_____
_____
_____
_____
_____
_____
_____
_____

Lo que he comido hoy:

_____
_____
_____
_____
_____

Cómo hemos viajado hoy:

Lo mejor que ha pasado hoy:
_____
_____

El tiempo hoy fue:

ESPACIO PARA DISEÑAR, COLOREAR, ESCRIBIR, ENTRADAS, FOTOS Y CUALQUIER OTRA COSA QUE QUIERAS RECORDAR.

Fecha: Lugar:

Cómo me he sentido hoy:

Lo que he visto hoy:

_____
_____
_____
_____
_____
_____
_____
_____
_____
_____
_____

Lo que he comido hoy:

_____
_____
_____
_____

Cómo hemos viajado hoy:

Lo mejor que ha pasado hoy:
_____
_____

El tiempo hoy fue:

Espacio para diseñar, colorear, escribir, entradas, fotos y cualquier otra cosa que quieras recordar.

Fecha: **Lugar:**

Cómo me he sentido hoy:

Lo que he visto hoy:
_____
_____
_____
_____
_____
_____
_____
_____
_____
_____
_____
_____

Lo que he comido hoy:
_____
_____
_____
_____
_____

Cómo hemos viajado hoy:

Lo mejor que ha pasado hoy:
_____
_____

El tiempo hoy fue:

Espacio para diseñar, colorear, escribir, entradas, fotos y cualquier otra cosa que quieras recordar.

Fecha: Lugar:

Cómo me he sentido hoy:

Lo que he visto hoy:

Lo que he comido hoy:

Cómo hemos viajado hoy:

Lo mejor que ha pasado hoy:

El tiempo hoy fue:

Espacio para diseñar, colorear, escribir, entradas, fotos y cualquier otra cosa que quieras recordar.

Fecha: 　　　　　　　　**Lugar:**

Cómo me he sentido hoy:

Lo que he visto hoy:

Lo que he comido hoy:

Cómo hemos viajado hoy:

Lo mejor que ha pasado hoy:

El tiempo hoy fue:

Espacio para diseñar, colorear, escribir, entradas, fotos y cualquier otra cosa que quieras recordar.

Fecha: Lugar:

Cómo me he sentido hoy:

Lo que he visto hoy:

_____
_____
_____
_____
_____
_____
_____
_____
_____
_____
_____

Lo que he comido hoy:

_____
_____
_____
_____

Cómo hemos viajado hoy:

Lo mejor que ha pasado hoy:
_____
_____

El tiempo hoy fue:

Espacio para diseñar, colorear, escribir, entradas, fotos y cualquier otra cosa que quieras recordar.

Fecha:	Lugar:

Cómo me he sentido hoy:

Lo que he visto hoy:

Lo que he comido hoy:

Cómo hemos viajado hoy:

Lo mejor que ha pasado hoy:

El tiempo hoy fue:

Espacio para diseñar, colorear, escribir, entradas, fotos y cualquier otra cosa que quieras recordar.

Fecha: Lugar:

Cómo me he sentido hoy:

Lo que he visto hoy:

_____
_____
_____
_____
_____
_____
_____
_____
_____
_____
_____

Lo que he comido hoy:

_____
_____
_____
_____
_____

Cómo hemos viajado hoy:

Lo mejor que ha pasado hoy:
_____
_____

El tiempo hoy fue:

Espacio para diseñar, colorear, escribir, entradas, fotos y cualquier otra cosa que quieras recordar.

| Fecha: | Lugar: |

Cómo me he sentido hoy:

Lo que he visto hoy:

_____
_____
_____
_____
_____
_____
_____
_____
_____
_____
_____
_____

Lo que he comido hoy:

_____
_____
_____
_____
_____

Cómo hemos viajado hoy:

Lo mejor que ha pasado hoy:
_____
_____

El tiempo hoy fue:

Espacio para diseñar, colorear, escribir, entradas, fotos y cualquier otra cosa que quieras recordar.

Fecha:	Lugar:

Cómo me he sentido hoy:

Lo que he visto hoy:

_____
_____
_____
_____
_____
_____
_____
_____
_____
_____

Lo que he comido hoy:

_____
_____
_____
_____
_____

Cómo hemos viajado hoy:

Lo mejor que ha pasado hoy:
_____
_____

El tiempo hoy fue:

Espacio para diseñar, colorear, escribir, entradas, fotos y cualquier otra cosa que quieras recordar.

| Fecha: | Lugar: |

Cómo me he sentido hoy:

Lo que he visto hoy:

Lo que he comido hoy:

Cómo hemos viajado hoy:

Lo mejor que ha pasado hoy:

El tiempo hoy fue:

Espacio para diseñar, colorear, escribir, entradas, fotos y cualquier otra cosa que quieras recordar.

| Fecha: | Lugar: |

Cómo me he sentido hoy:

Lo que he visto hoy:
_____
_____
_____
_____
_____
_____
_____
_____
_____
_____
_____
_____

Lo que he comido hoy:
_____
_____
_____
_____
_____

Cómo hemos viajado hoy:

Lo mejor que ha pasado hoy:
_____
_____

El tiempo hoy fue:

Espacio para diseñar, colorear, escribir, entradas, fotos y cualquier otra cosa que quieras recordar.

Fecha: Lugar:

Cómo me he sentido hoy:

Lo que he visto hoy:
_____
_____
_____
_____
_____
_____
_____
_____
_____
_____

Lo que he comido hoy:
_____
_____
_____
_____
_____

Cómo hemos viajado hoy:

Lo mejor que ha pasado hoy:
_____
_____

El tiempo hoy fue:

Espacio para diseñar, colorear, escribir, entradas, fotos y cualquier otra cosa que quieras recordar.

Fecha: Lugar:

Cómo me he sentido hoy:

Lo que he visto hoy:

_____
_____
_____
_____
_____
_____
_____
_____
_____
_____
_____
_____

Lo que he comido hoy:

_____
_____
_____
_____
_____
_____

Cómo hemos viajado hoy:

Lo mejor que ha pasado hoy:
_____
_____

El tiempo hoy fue:

Espacio para diseñar, colorear, escribir, entradas, fotos y cualquier otra cosa que quieras recordar.

Fecha:　　　　　　　　**Lugar:**

Cómo me he sentido hoy:

Lo que he visto hoy:
_____
_____
_____
_____
_____
_____
_____
_____
_____
_____

Lo que he comido hoy:
_____
_____
_____
_____
_____

Cómo hemos viajado hoy:

Lo mejor que ha pasado hoy:
_____
_____

El tiempo hoy fue:

Espacio para diseñar, colorear, escribir, entradas, fotos y cualquier otra cosa que quieras recordar.

Fecha: Lugar:

Cómo me he sentido hoy:

Lo que he visto hoy:

Lo que he comido hoy:

Cómo hemos viajado hoy:

Lo mejor que ha pasado hoy:

El tiempo hoy fue:

Espacio para diseñar, colorear, escribir, entradas, fotos y cualquier otra cosa que quieras recordar.

| Fecha: | Lugar: |

Cómo me he sentido hoy:

Lo que he visto hoy:

_____
_____
_____
_____
_____
_____
_____
_____
_____
_____
_____

Lo que he comido hoy:

_____
_____
_____
_____
_____

Cómo hemos viajado hoy:

Lo mejor que ha pasado hoy:
_____
_____

El tiempo hoy fue:

Espacio para diseñar, colorear, escribir, entradas, fotos y cualquier otra cosa que quieras recordar.

| Fecha: | Lugar: |

Cómo me he sentido hoy:

Lo que he visto hoy:

_____
_____
_____
_____
_____
_____
_____
_____
_____
_____
_____

Lo que he comido hoy:

_____
_____
_____
_____

Cómo hemos viajado hoy:

Lo mejor que ha pasado hoy:
_____
_____

El tiempo hoy fue:

Espacio para diseñar, colorear, escribir, entradas, fotos y cualquier otra cosa que quieras recordar.

| Fecha: | Lugar: |

Cómo me he sentido hoy:

Lo que he visto hoy:

_____
_____
_____
_____
_____
_____
_____
_____
_____
_____
_____
_____

Lo que he comido hoy:

_____
_____
_____
_____
_____

Cómo hemos viajado hoy:

Lo mejor que ha pasado hoy:
_____
_____

El tiempo hoy fue:

Espacio para diseñar, colorear, escribir, entradas, fotos y cualquier otra cosa que quieras recordar.

| Fecha: | Lugar: |

Cómo me he sentido hoy:

Lo que he visto hoy:

_____
_____
_____
_____
_____
_____
_____
_____
_____
_____
_____

Lo que he comido hoy:

_____
_____
_____
_____
_____

Cómo hemos viajado hoy:

Lo mejor que ha pasado hoy:
_____
_____

El tiempo hoy fue:

Espacio para diseñar, colorear, escribir, entradas, fotos y cualquier otra cosa que quieras recordar.

| Fecha: | Lugar: |

Cómo me he sentido hoy:

Lo que he visto hoy:

Lo que he comido hoy:

Cómo hemos viajado hoy:

Lo mejor que ha pasado hoy:

El tiempo hoy fue:

Espacio para diseñar, colorear, escribir, entradas, fotos y cualquier otra cosa que quieras recordar.

| Fecha: | Lugar: |

Cómo me he sentido hoy:

Lo que he visto hoy:

_____
_____
_____
_____
_____
_____
_____
_____
_____
_____
_____

Lo que he comido hoy:

_____
_____
_____
_____
_____

Cómo hemos viajado hoy:

Lo mejor que ha pasado hoy:
_____
_____

El tiempo hoy fue:

Espacio para diseñar, colorear, escribir, entradas, fotos y cualquier otra cosa que quieras recordar.

Fecha:	Lugar:

Cómo me he sentido hoy:

Lo que he visto hoy:

_____
_____
_____
_____
_____
_____
_____
_____
_____
_____
_____

Lo que he comido hoy:

_____
_____
_____
_____
_____

Cómo hemos viajado hoy:

Lo mejor que ha pasado hoy:
_____
_____

El tiempo hoy fue:

Espacio para diseñar, colorear, escribir, entradas, fotos y cualquier otra cosa que quieras recordar.

Fecha:　　　　　　　　**Lugar:**

Cómo me he sentido hoy:

Lo que he visto hoy:
_____
_____
_____
_____
_____
_____
_____
_____
_____
_____
_____

Lo que he comido hoy:
_____
_____
_____
_____
_____

Cómo hemos viajado hoy:

Lo mejor que ha pasado hoy:
_____
_____

El tiempo hoy fue:

Espacio para diseñar, colorear, escribir, entradas, fotos y cualquier otra cosa que quieras recordar.

Fecha: Lugar:

Cómo me he sentido hoy:

Lo que he visto hoy:

_____
_____
_____
_____
_____
_____
_____
_____
_____
_____

Lo que he comido hoy:

_____
_____
_____
_____

Cómo hemos viajado hoy:

Lo mejor que ha pasado hoy:
_____
_____

El tiempo hoy fue:

Espacio para diseñar, colorear, escribir, entradas, fotos y cualquier otra cosa que quieras recordar.

Fecha: Lugar:

Cómo me he sentido hoy:

Lo que he visto hoy:
_____
_____
_____
_____
_____
_____
_____
_____
_____
_____
_____
_____

Lo que he comido hoy:
_____
_____
_____
_____
_____

Cómo hemos viajado hoy:

Lo mejor que ha pasado hoy:
_____
_____

El tiempo hoy fue:

Espacio para diseñar, colorear, escribir, entradas, fotos y cualquier otra cosa que quieras recordar.

FECHA: LUGAR:

CÓMO ME HE SENTIDO HOY:

LO QUE HE VISTO HOY:

LO QUE HE COMIDO HOY:

CÓMO HEMOS VIAJADO HOY:

LO MEJOR QUE HA PASADO HOY:

EL TIEMPO HOY FUE:

Espacio para diseñar, colorear, escribir, entradas, fotos y cualquier otra cosa que quieras recordar.

| Fecha: | Lugar: |

Cómo me he sentido hoy:

Lo que he visto hoy:
_____
_____
_____
_____
_____
_____
_____
_____
_____
_____
_____

Lo que he comido hoy:
_____
_____
_____
_____
_____

Cómo hemos viajado hoy:

Lo mejor que ha pasado hoy:
_____
_____

El tiempo hoy fue:

Espacio para diseñar, colorear, escribir, entradas, fotos y cualquier otra cosa que quieras recordar.

Fecha: Lugar:

Cómo me he sentido hoy:

Lo que he visto hoy:

Lo que he comido hoy:

Cómo hemos viajado hoy:

Lo mejor que ha pasado hoy:

El tiempo hoy fue:

Espacio para diseñar, colorear, escribir, entradas, fotos y cualquier otra cosa que quieras recordar.

Fecha: Lugar:

Cómo me he sentido hoy:

Lo que he visto hoy:

_____
_____
_____
_____
_____
_____
_____
_____
_____
_____
_____

Lo que he comido hoy:

_____
_____
_____
_____
_____

Cómo hemos viajado hoy:

Lo mejor que ha pasado hoy:
_____
_____

El tiempo hoy fue:

Espacio para diseñar, colorear, escribir, entradas, fotos y cualquier otra cosa que quieras recordar.

| Fecha: | Lugar: |

Cómo me he sentido hoy:

Lo que he visto hoy:
_____
_____
_____
_____
_____
_____
_____
_____
_____
_____
_____

Lo que he comido hoy:
_____
_____
_____
_____
_____

Cómo hemos viajado hoy:

Lo mejor que ha pasado hoy:
_____
_____

El tiempo hoy fue:

Espacio para diseñar, colorear, escribir, entradas, fotos y cualquier otra cosa que quieras recordar.

Fecha: Lugar:

Cómo me he sentido hoy:

Lo que he visto hoy:

_____
_____
_____
_____
_____
_____
_____
_____
_____
_____
_____

Lo que he comido hoy:

_____
_____
_____
_____
_____

Cómo hemos viajado hoy:

Lo mejor que ha pasado hoy:
_____
_____

El tiempo hoy fue:

Espacio para diseñar, colorear, escribir, entradas, fotos y cualquier otra cosa que quieras recordar.

| Fecha: | Lugar: |

Cómo me he sentido hoy:

Lo que he visto hoy:

Lo que he comido hoy:

Cómo hemos viajado hoy:

Lo mejor que ha pasado hoy:

El tiempo hoy fue:

Espacio para diseñar, colorear, escribir, entradas, fotos y cualquier otra cosa que quieras recordar.

| Fecha: | Lugar: |

Cómo me he sentido hoy:

Lo que he visto hoy:

Lo que he comido hoy:

Cómo hemos viajado hoy:

Lo mejor que ha pasado hoy:

El tiempo hoy fue:

Espacio para diseñar, colorear, escribir, entradas, fotos y cualquier otra cosa que quieras recordar.

Fecha: Lugar:

Cómo me he sentido hoy:

Lo que he visto hoy:	Lo que he comido hoy:
	Cómo hemos viajado hoy:

Lo mejor que ha pasado hoy:

El tiempo hoy fue:

Espacio para diseñar, colorear, escribir, entradas, fotos y cualquier otra cosa que quieras recordar.

| Fecha: | Lugar: |

Cómo me he sentido hoy:

Lo que he visto hoy:

_____
_____
_____
_____
_____
_____
_____
_____
_____
_____
_____

Lo que he comido hoy:

_____
_____
_____
_____
_____

Cómo hemos viajado hoy:

Lo mejor que ha pasado hoy:
_____
_____

El tiempo hoy fue:

Espacio para diseñar, colorear, escribir, entradas, fotos y cualquier otra cosa que quieras recordar.

Fecha: Lugar:

Cómo me he sentido hoy:

Lo que he visto hoy:

_____
_____
_____
_____
_____
_____
_____
_____
_____
_____
_____

Lo que he comido hoy:

_____
_____
_____
_____
_____

Cómo hemos viajado hoy:

Lo mejor que ha pasado hoy:
_____
_____

El tiempo hoy fue:

Espacio para diseñar, colorear, escribir, entradas, fotos y cualquier otra cosa que quieras recordar.

Fecha:	Lugar:

Cómo me he sentido hoy:

Lo que he visto hoy:

_____
_____
_____
_____
_____
_____
_____
_____
_____
_____
_____
_____
_____

Lo que he comido hoy:

_____
_____
_____
_____
_____
_____

Cómo hemos viajado hoy:

Lo mejor que ha pasado hoy:
_____
_____

El tiempo hoy fue:

Espacio para diseñar, colorear, escribir, entradas, fotos y cualquier otra cosa que quieras recordar.

| Fecha: | Lugar: |

Cómo me he sentido hoy:

Lo que he visto hoy:

Lo que he comido hoy:

Cómo hemos viajado hoy:

Lo mejor que ha pasado hoy:

El tiempo hoy fue:

Espacio para diseñar, colorear, escribir, entradas, fotos y cualquier otra cosa que quieras recordar.

Fecha: Lugar:

Cómo me he sentido hoy:

Lo que he visto hoy:	Lo que he comido hoy:
_____	_____
_____	_____
_____	_____
_____	_____
_____	**Cómo hemos viajado hoy:**
_____	
_____	
_____	
_____	

Lo mejor que ha pasado hoy:
_____
_____

El tiempo hoy fue:

Espacio para diseñar, colorear, escribir, entradas, fotos y cualquier otra cosa que quieras recordar.

| Fecha: | Lugar: |

Cómo me he sentido hoy:

Lo que he visto hoy:

Lo que he comido hoy:

Cómo hemos viajado hoy:

Lo mejor que ha pasado hoy:

El tiempo hoy fue:

Espacio para diseñar, colorear, escribir, entradas, fotos y cualquier otra cosa que quieras recordar.

Fecha: Lugar:

Cómo me he sentido hoy:

Lo que he visto hoy:	Lo que he comido hoy:
_____	_____
_____	_____
_____	_____
_____	_____
_____	_____
_____	**Cómo hemos viajado hoy:**
_____	
_____	
_____	
_____	

Lo mejor que ha pasado hoy:
_____
_____

El tiempo hoy fue:

Espacio para diseñar, colorear, escribir, entradas, fotos y cualquier otra cosa que quieras recordar.

jonathan kuhla
tempelhofer ufer 15
10963 berlin
mail: jonathankuhla@gmail.com
germany

Made in the USA
Columbia, SC
05 July 2022